BEI GRIN MACHT SICH IHR
WISSEN BEZAHLT

- Wir veröffentlichen Ihre Hausarbeit,
  Bachelor- und Masterarbeit

- Ihr eigenes eBook und Buch -
  weltweit in allen wichtigen Shops

- Verdienen Sie an jedem Verkauf

Jetzt bei www.GRIN.com hochladen
und kostenlos publizieren

Selbstdarstellung auf Facebook. Chancen und Risiken

Wer bin ich? Wie sehen mich andere?

Vincent Herkert

Bibliografische Information der Deutschen Nationalbibliothek:

Die Deutsche Nationalbibliothek verzeichnet diese Publikation in der Deutschen Nationalbibliografie; detaillierte bibliografische Daten sind im Internet über http://dnb.d-nb.de abrufbar.

ISBN: 9783346310378
Dieses Buch ist auch als E-Book erhältlich.

© GRIN Publishing GmbH
Nymphenburger Straße 86
80636 München

Druck und Bindung: Books on Demand GmbH, Norderstedt Germany
Gedruckt auf säurefreiem Papier aus verantwortungsvollen Quellen

Das Buch bei GRIN: https://www.grin.com/document/962261

Hochschule Fresenius

Fachbereich Wirtschaft & Medien

Studiengang: Medien- und Kommunikationsmanagement

Studienort: Hamburg

Hausarbeit

Welche Chancen und Risiken birgt die Selbstdarstellung der Benutzer auf
Facebook?

Vincent Herkert

1. Fachsemester

Fach:

Wissenschaftsmethodik

Abgabedatum: 06.02.2017

I Inhaltsverzeichnis

1 Einleitung

Wer bin ich? Wie sehen mich andere? Jeder Menschen besitzt ein individuelles Selbstbild und sucht gleichzeitig nach der Akzeptanz von Freunden, Familie und der Gesellschaft. Die Darstellung des eigenen Selbst, um einen positiven Eindruck in der Öffentlichkeit zu machen, zählt zu den Bedürfnissen, welchen jeder Mensch nachgeht. Früher kommunizierte man ausschließlich im direkten Aufeinandertreffen miteinander, was sich mit dem Wandel zur Informations- und Mediengesellschaft langsam änderte. Im Zuge der Digitalisierung wurden neue Technologien und Kommunikationsmittel entwickelt, die es uns ermöglichen, auch ohne direkten Augenkontakt, miteinander zu interagieren. Ein großer Bestandteil der Digitalisierung sind sogenannte *Social Media Plattformen* im Internet, welche uns nicht nur den Alltag erleichtern, sondern außerdem dabei helfen, soziale Kontakte zu pflegen und aufrecht zu erhalten, sowie neue Bekanntschaften zu machen. In diesen Netzwerken können sich Nutzer völlig frei und selbst bestimmend darstellen. Doch sind unsere Daten überhaupt sicher? Entsprechen persönliche Angaben und Menschenbilder wirklich der Realität? Verschönerte Selbstbilder und verfälschte Eindrücke sind heutzutage keine allzu unrealistischen Gegenstände im Umgang des Internets. Nun stellt sich die Frage, zu welchem Zweck und auf welche Art und Weise die Selbstdarstellung in der medialen Welt gesteuert wird und vor allem welche Chancen und Risiken dies mit sich bringt. In dieser Hausarbeit werden die Themen der alltäglichen Selbstdarstellung, sowie der Selbstdarstellung auf der *Social Media Plattform Facebook* untersucht. Außerdem wird behandelt, ob und welche Chancen und Risiken die Selbstdarstellung der Benutzer von *Facebook* birgt.

2 Selbstdarstellung im Alltag

Was ist Selbstdarstellung? Weshalb hat sie so eine hohe Bedeutung?

> „Der Begriff der *Selbstdarstellung* – ein Name für die Tatsache, dass ein lebendiges Wesen, nicht nur Stoffwechsel treibt und als ein Gefüge von lebenserhaltenden Strukturen zu erklären ist, sondern dass der Organismus über das bloße Fristen des Lebens hinaus, über alles Notwendige hinaus, eine Form aufbaut, welche das Besondere dieser Art darstellt."[1]

Seine Person, den Charakter, die Fähigkeiten und Kompetenzen, kurzum das was uns einzigartig und individuell macht, nach außen zu tragen und vermitteln zu wollen, stellt eines der grundlegenden Bedürfnisse des Menschen dar. Die eigene Selbstbild behält man

---

[1] Portmann [1974], S. 138.

selten für sich, sondern man möchte es zeigen. Jeden Tag und zu jeder Sekunde befinden sich Menschen in sozialen Interaktionen und es findet Kommunikation statt. Die Selbstdarstellung kann so beschrieben werden: „Man kann nicht sich nicht selbst darstellen"[2]

2.1 *Impression Management* und Sozialpsychologische Hintergründe

Die Inhalte und Aspekte zum Begriff der Selbstdarstellung können unter dem Begriff des *Impression Management*, also Eindruckssteuerung zusammengeführt werden. Darunter können Inszenierungsstrategien zur Herstellung eines bestimmten Ansehens in der öffentlichen Meinung verstanden werden.[3] Es wird davon ausgegangen, dass man sich bewusst über den eigenen Eindruck, den man auf sein Umfeld macht, Gedanken macht und diesen versucht zu beeinflussen und zu kontrollieren. Außerdem lässt sich feststellen, dass Auffassungen von der eigenen Person größtenteils durch Urteile anderer Menschen geformt werden. Dies hat die logische Konsequenz, dass versucht wird, eben diese Urteile bewusst oder unbewusst beeinflussen und steuern zu wollen.

Die nach außen dargestellten Selbstbilder tragen also zu den entstehenden Fremdbildern bei, welche bei Rückmeldung entweder zu Bestätigung oder Veränderung des Selbstkonzepts beitragen.[4] Das Streben danach, eine bestimmte soziale Rolle zu erfüllen beziehungsweise sich zu einer Gruppe, bestehend aus anderen Menschen, dazugehörig zu fühlen, bestimmt unser Verhalten.[5] Innerhalb einer Gesellschaft, in welcher jeder mit jedem in Kontakt tritt und Interaktionen stattfinden, stellen wir uns dar und erzeugen somit ein Bild von uns beim Gegenüber. Dies geschieht automatisch, jedoch wird dies durch unser Verhalten und unsere Wahrnehmung beeinflusst. Die Gegebenheiten, Situationen und Voraussetzungen, wie und wo wir uns anderen Personen gegenüber präsentieren, variieren dabei nicht nur von Mensch zu Mensch, sondern verändern sich auch im Laufe des Lebens. Das Ziel ist die Inszenierung eines erwünschten Selbst mit der wesentlichen Funktion, den sozialen und gegebenenfalls gesellschaftlichen Einfluss zu vergrößern. Ebenso dient dies dem Zweck, Erwartungen der Gesellschaft möglichst gut zu erfüllen und bestimmten Werten und Normen weitestgehend gerecht zu werden und zu entsprechen. Man versucht also, mithilfe diverser Mittel und Techniken das eigene

---

[2] Vgl. Mummendey [1994], S. 2. 3 Vgl.
Ebert,E/Piwinger, M. [2007], S. 1. 4 Vgl.
Mummendey [1994], S. 2.
[3] Vgl. Lersch [1964], S. 11-13. 6
Vgl. Schultz [2003], S.12.

Selbst zu präsentieren und einen für sich nützlichen Eindruck zu vermitteln.[6] Fast alle Verhaltensweisen des Menschen können dem Impression Management dienen oder sind durch *Impression Management*-Bemühungen gesteuert. Ferner unterscheiden sich Individuen teilweise erheblich voneinander in der Fähigkeit, erfolgreich *Impression Management* zu betreiben, was so viel bedeutet wie die Fähigkeit das Selbst wie gewünscht darzustellen.[4]

2.2 Selbstdarstellungstechniken

Das äußere Erscheinungsbild, sowie die Eindrücke, die andere von uns haben, decken sich optimalerweise mit dem eigenen Selbstbild. Wie schon erwähnt stellt sich jeder Mensch in jeder Situation anders dar. Individuen haben unterschiedliche Ziele im Bezug darauf, wie sie wahrgenommen werden wollen. Es gibt also demnach verschiedenste Darstellungstechniken der eigenen Persönlichkeit. Grundsätzlich lässt sich sagen, dass ein Mensch immer darum bemüht ist sich Selbst im positiven Sinne zu zeigen. Das Hervorheben von Fähigkeiten, Qualifikationen und Alleinstellungsmerkmalen festigt unser Selbstwertgefühl und das Selbstbild, welches sich jeder Mensch erschafft und hinterlässt einen guten Eindruck. Die positive und somit offensive Darstellung des Selbst kann unter anderem geschehen durch das Betreiben von Eigenwerbung, das Herausstellen von Glaubwürdigkeit und Vertrauenswürdigkeit, das beispielhafte Erscheinen, das Aufzeigen der eigenen Attraktivität und Stärke, und das Einschmeicheln bei anderen Menschen.[5] Man versucht über eine positive Selbstdarstellung die soziale Macht und den Einfluss zu festigen und zu vergrößern. Allerdings gibt es auch

Umstände, in denen eine negative beziehungsweise ungünstige Selbstdarstellung und Verhalten, welches das Selbst mindert, von Vorteil ist. Sich selbst ungünstig und auf negative Weise darzustellen kann ebenso das gewünschte Fremdbild erzeugen.[6] Die negative und defensive Selbstdarstellung soll die negativen Eigenschaften und Schwächen seines Selbst betonen und einen noch schlechteren Eindruck von sich verhindern. Wird zum Beispiel ein schlechtes Ergebnis in Bezug auf eine Leistung erwartet, können situativ bedingte negative Eigenschaften wie Aufregung oder physische Beeinträchtigung verhindern, von anderen für unfähig oder ungenügend gehalten zu werden.[7] Weitere negative und defensive Selbstdarstellungstechniken können sein: Es kann demnach festgestellt werden, dass das Erzeugen eines negativen Eindrucks die

---

[4] Vgl. Mummendey [1993], S. 59.
[5] Vgl. Mummendey [1994], S. 2 ff.
[6] Vgl. Mummendey [1993], S. 59 ff. [7]
Vgl. Haferkamp [2010], S. 83.

Absicht mit einbezieht, den Umständen entsprechend so positiv wie möglich dar zustehen. Defensive und negative Darstellungstechniken können sein: Das bewusste Untertreiben und Mindern der eigenen Person und Leistungen, hilfsbedürftig und überfordert zu erscheinen und sich selbst als unvollkommen darzustellen. [7] Zusammenfassend lässt sich sagen, dass jeder Mensch über ein individuelles Selbstbild verfügt und sich gleichzeitig auf unterschiedlichste Art und Weise so darstellt, dass ein entsprechend gewünschter Eindruck in seinem sozialen Umfeld und der Öffentlichkeit entsteht. Nachdem in diesem Kapitel auf die sozialpsychologischen Aspekte der Selbstdarstellung, den Grundbegriff des *Impression Management* und die verschiedenen Techniken der Selbstdarstellung eingegangen wurde, wird im Folgenden ausschließlich die Selbstdarstellung in sozialen Netzwerken des Internets, am Beispiel von Facebook, betrachtet und untersucht.

3 Selbstdarstellung im Internet

Das Internet als Medium hat sich im Laufe der letzten Jahre nicht nur schnell entwickelt, es hat auch einen erheblichen Einfluss auf unsere Art und Weise zu kommunizieren. Es steht im Interessenzentrum der Öffentlichkeit und wird von nahezu Jedem genutzt. Unerheblich ob im Beruf oder in der Freizeit, die bequeme und simple

Form der Kommunikation erleichtert und verbessert den Alltag. Besonders die sozialen Netzwerke oder *Social Media Plattformen*, welche inzwischen ein Teil der Massenmedien sind, stehen im Mittelpunkt. Sie bieten die Möglichkeit des Informationsaustauschs, der Unterhaltung und vor allem der Selbstdarstellung. Wie bereits erwähnt, kann sich dort jeder Mensch selbst darstellen. Wer ein Profil in einem Sozialen Netzwerk pflegt, kann sich grundsätzlich an ein unbegrenztes Publikum wenden und von völlig fremden Personen Reaktionen auf die eigenen Inhalte erhalten.[8]

3.1 Das Unternehmen *Facebook*

Im Jahr 2004 wurde das Unternehmen *Facebook* von Mark Zuckerberg gegründet, welches eine der ersten grundlegenden *Social Media Plattformen ist.*[9] Es ist das größte Soziale Netzwerk mit rund 1,79 Milliarden monatlich aktiven Nutzern weltweit (Stand 2016).[10] Allein in Deutschland sind es 27 Millionen aktive Nutzer (Stand 2016).[12] Ein

---

[7] Vgl. Mummendey [1993], S. 59.
[8] Vgl. Bedijs, K./Heyder, K. [2012], S. 10.
[9] Vgl. https://newsroom.fb.com/company-info/ (22.01.2017).
[10] Vgl. Facebook Investor Relations [2016]. o.S. [12]
Vgl. Statista [2016], o.S.

wesentlicher Grund, weshalb sich Menschen auf *Facebook* registrieren, ist die Furcht davor, einsam zu sein. Man möchte dazugehören und mitreden können.[11] In den sozialen Netzwerken ist es uns möglich mit Menschen aus der ganzen Welt verbunden zu sein, neue Kontakte zu knüpfen und Inhalte mit anderen zu teilen.[17] Es gibt viele Möglichkeiten, um sich auf *Facebook* selbst zu präsentieren. Allerdings stimmen das Ergebnis und die Realität nicht immer überein. Als Nächstes wird näher beleuchtet, wie und in welcher Form sich Nutzer auf der *Social Media Plattform* selbst darstellen.

3.2 Selbstdarstellung auf *Facebook*

Wer sich auf *Facebook* registriert, gibt ab dem ersten Moment Etwas über sich Preis, während es jedoch jedem selbst überlassen ist, in welchem Ausmaß dies geschieht. Man betreibt also *Impression Management*. Von der absoluten Anonymität bis hin zur umfangreichen Präsentation einer Persönlichkeit gibt es alle Abstufungen. Genau wie bei einem realen Aufeinandertreffen bestimmt man seine Selbstdarstellung und die Wahrnehmung seiner Person durch andere Nutzer durch das Verhalten auf der Plattform.[12]

3.2.1 Das eigene Profil und das Profilbild

Nun werden die Möglichkeiten und Bestandteile der Selbstdarstellung auf *Facebook* aufgezeigt. Zudem wird beschrieben, wie diese das Verhalten der Nutzer in Bezug auf die Präsentation der Persönlichkeit beeinflusst. Nach der Anmeldung ist die erste Voraussetzung dafür, dass man von anderen Benutzern in dem Netzwerk erkannt wird, das Erstellen und Gestalten eines Profils. Ein weiterer wichtiger Aspekt ist das Profilbild. Im Umgang auf *Facebook* wird auf das Profilbild unter anderem am meisten Wert gelegt, da egal wie ein Benutzer auf Facebook interagiert, es ist das Erste und Prägnanteste, was neben dem Benutzernamen wahrgenommen wird. Folglich ist es also eines der wichtigsten und elementarsten Mittel, um sich selbst darzustellen und den gewünschten Eindruck zu vermitteln. Beim Knüpfen neuer Kontakte ist das Profilbild meist entscheidend, da es die Person attraktiv und sympathisch erscheinen lässt. Ein weiterer Teil des Profils ist das Präsentieren persönlicher Informationen wie Name, Alter,

---

[11] Vgl. Adamek [2011], S.308. 17
Vgl. Facebook [o.J.], o.S.
[12] Vgl. Bedijs, K./Heyder, K. [2012], S. 12. 19 Vgl.
Wikipedia [o.J.], o.S.

Geburtsdatum und Geburtsort. Nach Belieben kann sogar noch mehr hinzugefügt werden. Es steht dem Individuum frei, über sich zu schreiben was es möchte.[19]

3.2.2 Weitere Darstellungsmöglichkeiten

Durch das Hochladen weiterer eigener Bilder und die Anordnung dieser in Alben kann der Nutzer sein Portfolio noch erweitern. Auch Diese sind für die eigene Freundesliste und sogar für die Gesamte Nutzerschaft der *Social Media Plattform* sichtbar. Zuzüglich finden Kommunikation und der Austausch von Sichtweisen zwischen den Personen statt, da Bilder und Beiträge von Nutzern kommentiert und bewertet werden können. Indem man Informationen, Bilder, Videos oder Meinungen verbreitet, ist man ein aktiver und bedeutender Bestandteil der Gemeinschaft. *Facebook* lebt von der Beteiligung seiner Nutzer.[13] Um einen möglichst guten Eindruck zu machen, ist davon auszugehen, dass sich ein User darum Gedanken macht, welches Bild beziehungsweise welche Information ihn dementsprechend dastehen lässt. Die bewusste Auswahl vorteilhafter und positiver Aspekte im Hinblick auf die Selbstdarstellung bei der Profilgestaltung beinhaltet auch das Auslassen negativer Informationen über die eigene Person.[21] Auch das Verbreiten falscher und selbst-verherrlichender Informationen ist möglich. Vor dem Hochladen und Teilen eines Bildes, wird es bearbeitet, möglicherweise soweit, dass es in keinster Weise der Realität entspricht. Entscheidend ist bloß, ob es im Umfeld gut ankommt. Man hofft auf positive Bewertungen und eine Menge Zuspruch. "Man zielt immer auf Likes und Herzchen ab." [14] Es findet eine Steigerung Selbstbewusstseins und zunehmende Motivation durch die Festigung des Selbstbildes statt. Dies wird vor allem unter dem nun mehrfach erwähnten Gesichtspunkt relevant, dass veröffentlichte Inhalte für jeden sichtbar sind. Darüber hinaus gibt es ebenfalls die Funktion Vorlieben für bestimmte Themen wie Unternehmen, Filme, Serien, Künstler, Bands etc. zu zeigen. Mittlerweile haben beinahe alle Personen und Themen des öffentlichen Lebens in Form von offiziellen und öffentlichen Seiten auf *Facebook* Anschluss gefunden, welche man durch ein *Gefällt mir* kennzeichnen und verfolgen kann. Auch auf diesen Profilen können die Nutzer ihre Meinungen und Eindrücke kundtun und neuste Ereignisse ansehen.[15] Gemeinschaften, Personen und Dinge, zu denen man aufblickt, fungieren als Vorbilder. So wird ebenfalls

---

[13] Vgl. Ebersbach, A/Glaser, M/Heigl, R [2011], S. 29. 21
Vgl. Faerman [2010], S69 f.
[14] Vgl. Steinschaden [2010], o.S.
[15] Vgl. Facebook [o.J.], o.S. 24 Vgl.
Freud [1921], S. 68.

zur Beeinflussung des Nutzerverhaltens beigetragen. Von diesen Seiten veröffentlichte Bilder und Inhalte setzen Trends und geben uns somit einen Anlass, uns ähnlich oder gleich zu verhalten.[24]

Nachdem die Selbstdarstellung und dessen Aspekte im sozialen Netzwerk *Facebook*, sowie resultierende Einflüsse auf unser Verhalten näher betrachtet wurden, werden nun mögliche positive und negative Folgen näher ausgeführt.

4 Chancen und Risiken der Selbstdarstellung auf *Facebook*

Die Selbstdarstellung in der Online-Welt, besonders in *Social Network Plattformen*, verschafft den Benutzern positive Aspekte und viele Chancen, welche nun spezifiziert werden.

4.1 Chancen

Gesamtkonzept *Facebook* bietet seinen Nutzern eine Fläche mit zahlreichen, innovativen Möglichkeiten der Selbstdarstellung, wie kein anderes soziales Netzwerk. Jeder kann sich im virtuellen Raum unabhängig aufhalten und sein Selbst frei und kreativ gestalten und zum Ausdruck bringen. Es ist ein einfacher und simpler Weg der Selbstdarstellung. Dadurch, dass sich ein Individuum auf seinem Profil stets von seiner besten Seite zeigt, entsteht der gewünschten Eindruck beim Gegenüber. Das Erhalten Positiver Bewertungen und Komplimente führt zu der Bestätigung des Selbstbildes, der Steigerung des Selbstbewusstseins und das Vermitteln eines guten Gefühls. Da ein Austausch und eine Interaktion mit Mitmenschen zu eigenen und fremden Inhalten und Themen stattfindet, ist es den Benutzern möglich, ihr Ziel, in einem sozialen und gesellschaftlichen Konstrukt dazuzugehören und Anerkennung zu genießen, zu erreichen und optimal zu kontrollieren und zu überprüfen. Des weiteren befindet man sich, sobald man ein Teil *Facebooks* ist, im Zentrum der Digitalisierung und Globalisierung: Das Mitbekommen von Trends, News und aktuellen Ereignissen in der ganzen Welt lassen sich durchaus als Vorteile einordnen. Zudem wird dem Individuum das Steigern seines Bekanntheitsgrads ermöglicht, da alles, was dargestellt wird für Jeden sichtbar ist und durch andere Nutzer geteilt und weiterverbreitet werden kann.

Daraus resultierten eine höhere Reichweite und die Erweiterung des Freundeskreises.[16]Je mehr Einfluss ausgeübt wird, desto bestätigter fühlt man sich.[26]

---

[16] Vorteile und positive Folgen wurden nach eigenem Wissen interpretiert und ausgeführt.

4.2 Risiken

Heutzutage werden persönlicher Daten und Inhalte freizügig und komplett ohne Bedenken preisgegeben, gleichzeitig jede Menge Risiken und Gefahren birgt. Diese werden nun beschrieben und detailliert betrachtet.

4.2.1 Privatsphäre und Datenschutz

„Wir hinterlassen digitale Fingerabdrücke im Web, die für Dritte zugänglich und einsehbar sind." [19] Die Preisgabe von persönlichen Nutzerdaten im Internet führen zwangsläufig zu einer immer transparenteren Gesellschaft. Um den Alltag bequemer zu gestalten und um online aktiv zu sein, ist man bereit, die eigenen Daten im Netz freizugeben, was einen wirksamen Datenschutz und eine gewisse Privatsphäre zunehmend ausschließt. Dies kann nicht nur durch Hacker-Angriffe gefährlich werden, welche die Inhalte für illegale Zwecke verwenden können. Besonders das soziale Netzwerk *Facebook* steht in Bezug auf seinen Datenschutzpraktiken in der Kritik.[17]Nicht die Person selbst, sondern Plattformen wie *Facebook* entscheiden, welche Daten an wen weitergegeben werden, ohne die Einwilligung der Betroffenen einzuholen. Letztendlich kann nur das Individuum kontrollieren, was präsentiert werden soll. Wer also Informationen und Inhalte über sich veröffentlicht, muss sich bewusst sein, dass diese zu Werbe- und Informationszwecken von der *Social Media Plattform* genutzt wird.[18] Alle Klicks und Aufrufe werden gespeichert und können zurückverfolgt werden. Die Nutzer werden durch die gesammelten Informationen von *Facebook* kontrolliert. Veröffentlichte Daten sind, selbst nach der oberflächlichen Löschung, immer noch im System und auf den Servern gespeichert. Es ist also ratsam, genau zu überlegen, welche Informationen man freigibt.[30]

4.2.2 Konfrontation mit anderen Nutzern

Nicht jeder im Netz ist ein Freund. Abgesehen von Zuspruch und positiver Resonanz kann es auch negative Reaktionen auf hochgeladenen *Facebook*-Inhalte geben. Durch die weltweite Vernetzung und der permanenten Verfügbarkeit und Erreichbarkeit der Benutzer in *Facebook* hat Mobbing ein neues Ausmaß angenommen.[19] Durch das

---

26 Vgl. Schultz [2003], S. 12. [19]
Vgl. Burger [2013], S. 92.
[17] Vgl. Stiftung Warentest [2010], o.S.
[18] Vgl. Burger [2013], S. 92-97. 30 Vgl.
Han [2013], S. 92-93.
[19] Vgl. Bundeszentrale für politische Bildung [2010], o.S.

Preisgeben von Informationen ist es möglich, dass im Grunde jeder diese Daten verwenden kann, was gefährlich enden kann. Streitigkeiten und Diskussionen im Internet können auch im realen Leben Folgen haben. Bedrohen, Beleidigen und Mobben sind trauriger Alltag vieler Nutzer, was *Facebook* folglich noch verstärkt. [20] Auch eine verfälschte Außendarstellung birgt Risiken. Wie zuvor gesagt, bestehen oft Unterschiede zwischen der eigenen Selbstdarstellung und der wirklichen Person. Die Angst von der Gesellschaft falsch wahrgenommen zu werden, steckt wie gesagt in jedem Menschen. Durch die von *Facebook* gegebenen Möglichkeiten wird dies zunehmend begünstigt. Es folgt quasi ein Identitätsverlust und eine völlig falsche Selbstdarstellung.

4.2.3 Gesellschaftlicher Druck

Ob im realen Leben oder auf *Facebook*, man steht zu jeder Zeit in der Öffentlichkeit. Man versucht permanent bestimmten Erwartungen und Normen der Gesellschaft gerecht zu werden und sich danach gerichtet zu verhalten. Vorgegebene Ideale werden nicht in Frage gestellt, sondern als Motivation angesehen. Ob unbewusst oder bewusst, der Mensch verändert sich zugunsten anderer. [21] Auch durch bekannte und prominente Menschen, Organisationen oder Unternehmen, welche sich auf *Facebook* darstellen, werden die einzelnen Privatpersonen beeinflusst. Die Nutzer streben nach einem ähnlichen Leben und verhalten sich demnach so. [34]

Das eigene Selbstbild wird in Frage gestellt, angepasst und verändert. Es entstehen wiederum verfälschte und verzerrte Fremdbilder. Personen geben vor jemand zu sein, der sie gar nicht sind, um nicht ausgeschlossen zu werden. Besonders auf *Facebook* ist dies ein Risiko, da andere Benutzer nur ausgewählte Inhalte zu Gesicht bekommen und so wiederum beeinflusst werden.

5 Fazit

Zusammenfassend lässt sich sagen, dass *Facebook* einen sehr hohen Einfluss auf unser Verhalten, unsere Selbstdarstellung und letztendlich auf unser Leben ausübt. In der heutigen Zeit ist es jedem möglich sich dort zu registrieren, Anschluss zu finden und dazuzugehören. Die oben aufgeführten Aspekte, bezüglich der Folgen, lassen darauf

---

[20] Vgl. Grimm, P./ Rhein, S./Clausen-Muradian, E. [2008], S. 230.
[21] Vgl. Mummendey [1994], S. 2f. 34 Vgl.
Freud [1921], S. 68.

schließen, dass die Selbstdarstellung auf *Facebook* weitaus mehr negative Auswirkungen und Risiken als Chancen nach sich zieht. Insbesondere wird das dadurch begünstigt, dass viele Benutzer sich nicht ausreichend über Themen wie Datenschutz informieren und auch keine Aufklärung stattfindet. Darüber hinaus sind *Social Media Plattformen* gerade bei den jüngeren Generationen sehr beliebt. Kinder, Jugendliche und junge Erwachsene werden von Anfang an mit der neusten Technologie und dem Internet konfrontiert und nehmen daran teil. Generell wird äußerst freizügig mit eigenen Daten im Netz verfahren und die Art und Weise der Selbstdarstellung auf *Facebook* kann zu völlig falschen Eindrücken und Fremdbildern führen. Aufgrund dieser Tatsachen ist es unbedingt erforderlich, dass sich jeder Mensch, welcher ein Profil auf einer *Social Media Plattform* wie *Facebook* besitzt, detailliert Gedanken darüber macht, was im Netz preisgegeben werden sollte.

II Literaturverzeichnis

Adamek, S. [2011]

> Die Facebook-Falle – Wie das soziale Netzwerk unser Leben verkauft, München, 2011.

Bedijs, K./Heyder, K.-H. [2012]

> Sprache und Personen im Web 2.0, o.O., 2012.

Bundeszentrale für politische Bildung [2010]

> Cybermobbing: Neue Medien – Neues Mobbing?, verfügbar unter: www.bpb.de/lernen/unterrichten/grafstat/46574/m-03-03-neue-medienneuesmobbing (30.01.2017).

Burger, T. [2013]

> Social Media und Schule. Wege zum konstruktiven Umgang mit Facebook & Co., Hamburg, 2013.

Ebersbach, A./Glaser, M./Heigl, R. [2011]

> Social Web, 2. Aufl., Konstanz, 2011.

Ebert, H./Piwinger, M. [2007]

> Impression Management: Die Notwendigkeit der Selbstdarstellung, o.O., 2007.

Facebook [o.J.]

> Our History. Stats, verfügbar unter: https://newsroom.fb.com/company-info/ (22.01.2017).

> Slogan des Unternehmens Facebook, verfügbar unter: https://dede.facebook.com/ (18.01.2017).

> Angaben über Inhalte und Erste Schritte im Umgang mit Facebook, verfügbar unter: https://www.facebook.com/help/ (20.01.2017).

Facebook Investor Relations [2016]

> Facebook Reports Third Quarter 2016 Results, verfügbar unter: https://investor.fb.com/investor-news/press-release-details/2016/Facebook-Reports- Third-Quarter-2016-Results/default.aspx (22.01.2017).

Faerman, J. [2010]

> Faceboom - Wie das soziale Netzwerk Facebook unser Leben verändert, München, 2010.

Freud, S. [1921]

> Massenpsychologie und Ich-Analyse, o.O., 1921.

Grimm, P./ Rhein, S./Clausen-Muradian, E. [2008]

Gewalt im Web 2.0. Der Umgang Jugendlicher mit gewalthaltigen Inhalten und Cyber- Mobbing sowie die rechtliche Einordnung der Problematik, Berlin, 2008.

Haferkamp, N. [2010]

Sozialpsychologische Aspekte im Web 2.0 – Impression Management und sozialer Vergleich, 1. Aufl., Stuttgart, 2010.

Han, B.-C. [2013]

Im Schwarm. Ansichten des Digitalen, Berlin, 2013.

Knieper, T./Müller, M. [2003]

Authentizität und Inszenierung von Bilderwelten, Köln, 2003.

Lersch, P. [1964]

Der Mensch als soziales Wesen, München, 1964.

Mummendey, H. [1994]

Differentielle Psychologie der Selbstdarstellung, verfügbar unter: https://pub.unibielefeld.de/publication/1782784 (02.01.2017).

Mummendey, H. [1993]

Die Impression-Management-Theorie, verfügbar unter: https://pub.unibielefeld.de/publication/1782507 (02.01.2017).

Portmann, A. [1974]

An den Grenzen des Wissens. Vom Beitrag der Biologie zu einem neuen Weltbild, 1. Aufl., o.O., 1974.

Statista [2016]

Anzahl der Nutzer von Facebook im Jahr 2016, verfügbar unter: https://de.statista.com/statistik/daten/studie/503046/umfrage/anzahl-dernutzervon-facebook-und-instagram-in-deutschland/ (22.01.2017).

Steinschaden, J. [2010]

Phänomen Facebook. Wie eine Webseite unser Leben auf den Kopf stellt, Wien, 2010.

Stiftung Warentest [24.03.2010]

Soziale Netzwerke. Datenschutz oft mangelhaft, verfügbar unter: https://www.test.de/Soziale-Netzwerke-Datenschutz-oft-mangelhaft-1854798-0/ (29.01.207).

Wikipedia [o.J]

Facebook. Funktionen, verfügbar unter:https://de.wikipedia.org/wiki/Facebook (04.02.2017) .